CW00504849

Giovanni

Comprendere i requisiti della Norma UNI EN ISO 9001:2015

Book Editors Group

Prima Edizione: agosto 2023

Ogni riproduzione dell'opera è vietata,
salvo espressa autorizzazione da parte dell'autore.

Copertina a cura di Eleonora Pucci

© Copyright Giovanni Piazza

PREFAZIONE

Attraverso questa semplice guida, che auspico possa risultarvi utile, ho voluto presentare una panoramica dei requisiti richiamati all'interno della Norma UNI EN ISO 9001:2015. Non ho alcuna pretesa di offrire una disamina completa e approfondita di tutti i requisiti contenuti nella Norma, come è mia abitudine effettuare insieme ai miei collaboratori durante l'erogazione di corsi di formazione. Il mio intento è piuttosto quello di agevolare i lettori nella comprensione all'approccio con cui la Norma è stata concepita e, allo stesso tempo, fornire un quadro d'insieme dei 10 aspetti che la caratterizzano. A partire dal 2015, l'Organizzazione Internazionale per la Standardizzazione (ISO) ha elaborato una struttura condivisa per tutte le Norme relative ai Sistemi di Gestione, conosciuta come "High Level Structure" (HLS), sigla che ne rappresenta l'acronimo. Questa struttura è composta da 10 elementi fondamentali, come precedentemente accennato, presenti non solo nella ISO 9001:2015, ma anche, a titolo di esempio, nella ISO 14001:2015 (per i Sistemi di Gestione Ambientale) e nella ISO 45001:2018 (per i Sistemi di Gestione della Salute e Sicurezza). È opportuno tener presente che tutte le Norme ISO sono soggette a periodiche revisioni, di solito intervallate da 5 a 10 anni. Pertanto, una volta sottoposte a revisione, anche le altre normative correlate ai Sistemi di Gestione adotteranno la stessa Struttura di Alto Livello menzionata in precedenza (HLS).

SOMMARIO

INTRODUZIONE

Qual è il metodo più efficace per identificare i requisiti dei Sistemi di Gestione per la Qualità ISO 9001, al fine di favorire una maggiore compatibilità tra i singoli processi all'interno del sistema aziendale? Ogni processo individuale può essere ottimizzato attraverso l'adozione dell'approccio noto come Plan-Do-Check-Act, comunemente denominato "Ruota di Deming". Tuttavia, questa filosofia può essere applicata anche al sistema nel suo complesso, portando benefici globali. Considerare i processi distinti come elementi interconnessi all'interno di un grande ciclo di miglioramento consente di concentrarsi sul perfezionamento di ciascun processo singolarmente, il che favorisce una corretta implementazione del Sistema di Gestione per la Qualità. Prima di descrivere la Norma ed entrare nel merito dei punti farei un focus iniziale sulla distinzione tra CONSERVARE e MANTENERE riferito alle cosiddette INFORMAZIONI DOCUMENTATE. Una caratteristica fondamentale della Norma è proprio quella di "dare evidenza", attraverso informazioni documentate, del rispetto dei requisiti in essa contenuti. Laddove pertanto la Norma ci chiede di elaborare un documento questo può essere richiesto che venga CONSERVATO e/o MANTENUTO. Ma qual è la differenza tra "MANTENERE" e "CONSERVARE" un'informazione documentata?

9

MANTENERE, vuol dire aggiornare i contenuti secondo necessità e volontà (ad esempio: politica della qualità, procedure, istruzioni di lavoro). CONSERVARE, vuol dire avere un riferimento immutabile di qualcosa che è avvenuto (ad esempio: rapporti di audit interni, riesame di direzione, un registro di taratura degli strumenti, attestati di formazione del personale). La richiesta, da parte della Norma, di "MANTENERE" informazioni documentate non esclude la possibilità che l'organizzazione possa anche avere l'esigenza di "CONSERVARE" le medesime informazioni documentate (ad esempio, al fine di conservare la precedente versione di dette informazioni). In passato e comunque anche nel presente possiamo trovare organizzazioni che "battezzano" le informazioni documentate con il termine "Procedura" oppure "Istruzione Operativa". Sicuramente una Procedura o un'Istruzione Operativa sono da considerarsi informazioni documentate, ma con il termine informazione documentata si è voluto aprire ad un concetto più ampio rispetto al passato concedendo la possibilità alle organizzazioni di mostrare evidenza rispetto ai requisiti richiamati dalla Norma UNI EN ISO 9001:2015 anche attraverso documenti che non propriamente sono equiparabili a Procedure o Istruzioni Operative.

Ecco come il modello plan-do-check-act trova posto nei requisiti della Norma iso 9001

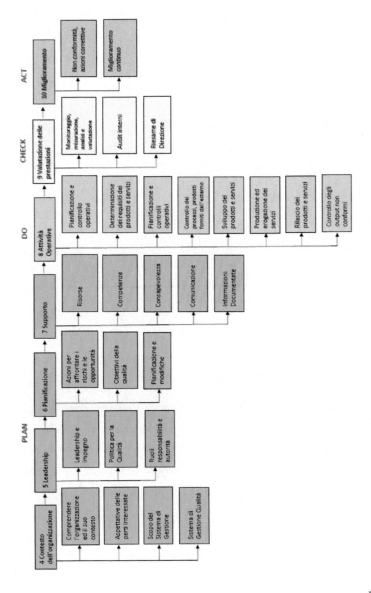

Principi di gestione per la qualità

All'interno della parte introduttiva della Norma ed in particolare al punto 0.2 vengono enunciati i sette principi di gestione della qualità su cui si basano le fondamenta che caratterizzano la genesi sulla base della quale è stata elaborata la Norma UNI EN ISO 9001:2015

I sette principi per la qualità sono:

1. **Focalizzazione sul cliente**
2. **Leadership**
3. **Partecipazione attiva delle persone**
4. **Approccio per processi**
5. **Miglioramento**
6. **Processo decisionale basato sulle evidenze**
7. **Gestione delle relazioni**

1. FOCALIZZAZIONE SUL CLIENTE

Il principale obiettivo di un Sistema di Gestione della Qualità è quello di soddisfare i requisiti dei clienti, andando anche al di là delle loro aspettative. Il raggiungimento di questo scopo è essenziale per conquistare e mantenere la fiducia dei clienti e di tutte le altre parti interessate, contribuendo in modo significativo alla sostenibilità e al successo a lungo termine dell'organizzazione. Ogni interazione con i clienti rappresenta un'opportunità per fornire valore aggiunto e fare la differenza. Comprendere appieno le esigenze attuali e future della clientela

12

e delle altre parti interessate è un elemento chiave per costruire un'organizzazione di successo.

Il nuovo principio di Qualità va oltre l'attuale approccio e sottolinea l'importanza di sfruttare ogni occasione per creare valore per i clienti. Il successo di un'organizzazione si basa fondamentalmente sulla fiducia che il cliente sviluppa nei confronti del lavoro e delle prestazioni dell'azienda. In tal modo, la costruzione di relazioni di fiducia solide e durature diventa una pietra angolare per l'eccellenza aziendale.

2. LEADERSHIP

I leader a tutti i livelli dell'organizzazione giocano un ruolo cruciale nell'instaurare un forte senso di proposito e nell'incoraggiare il coinvolgimento delle persone nel perseguire gli obiettivi di qualità stabiliti. Questo approccio favorisce l'allineamento delle strategie, dei processi e delle risorse per il raggiungimento degli obiettivi prefissati.

Il nuovo principio di Leadership sottolinea l'importanza di un approccio strategico da parte dei leader, che consente all'organizzazione di allineare in modo efficace le strategie, le politiche e le risorse per raggiungere i suoi obiettivi. Tale orientamento mira a creare un'unità coesa e costruttiva all'interno dell'azienda, permettendo di gestire con successo le sfide e cogliere le opportunità in linea con la missione e la visione dell'organizzazione. Nell'ottica del cosiddetto "gioco di squadra" ognuno dei componenti dell'organizzazione deve essere leader di sé stesso affinché' la squadra/organizzazione possa essere leader rispetto ai propri competitor.

3. PARTECIPAZIONE ATTIVA DELLE PERSONE

Questo principio sottolinea l'importanza cruciale di avere personale competente, ben formato e motivato all'interno dell'organizzazione, in quanto essi sono il motore che permette di creare valore. Collaboratori di tale calibro consentono all'organizazzione di raggiungere il successo e di generare valore significativo.

Per gestire un'organizzazione in modo efficace ed efficiente, è fondamentale coinvolgere tutti i membri del team a tutti i livelli gerarchici, riconoscendo e rispettando l'individualità di ciascun individuo. L'empowerment dei collaboratori, il riconoscimento del loro lavoro e il continuo miglioramento delle loro competenze favoriscono il loro coinvolgimento attivo nel perseguire gli obiettivi dell'organizzazione. Il nuovo principio, in confronto al vecchio, enfatizza ulteriormente che la competenza, la formazione e l'impegno delle persone sono essenziali per creare valore. Questo rafforza l'idea che il capitale umano sia una componente fondamentale per il successo e la crescita dell'organizzazione.

4. APPROCCIO PER PROCESSI

Il quarto principio della Norma ISO 9001 sottolinea che per raggiungere risultati costanti e prevedibili in modo efficace ed efficiente, è fondamentale comprendere e gestire le attività come processi interconnessi che operano come un sistema coerente. Infatti, il Sistema di Gestione della Qualità è costituito da processi interrelati, e acquisire una comprensione approfondita di come i risultati si producono attraverso l'intero sistema, compresi i processi, le risorse, i controlli e le interazioni, permette all'organizzazione di ottimizzare le prestazioni complessive.

Il nuovo principio quattro riassume efficacemente i due vecchi principi 4 e 5 presenti nelle revisioni precedenti della Norma, affermando che il conseguimento di risultati desiderati con maggiore efficienza è possibile quando le attività e le relative risorse sono gestite come un processo, e che l'approccio sistemico alla gestione implica l'identificazione, la comprensione e la gestione dei processi correlati come un sistema, il quale contribuisce all'efficacia e all'efficienza dell'organizzazione nel perseguire gli obiettivi.

Di conseguenza, il focus rimane sull'importanza di comprendere e gestire le attività come parti di processi interconnessi all'interno di un sistema, sottolineando che una chiara comprensione di come i risultati siano ottenuti tramite i processi, le risorse, i controlli e le interazioni consente all'organizzazione di ottimizzare le proprie prestazioni in modo ottimale.

5. MIGLIORAMENTO

Le organizzazioni di successo mantengono un costante focus sul miglioramento, poiché esso è cruciale per mantenere elevati livelli di performance, adattarsi ai cambiamenti interni ed esterni che potrebbero influenzarli e creare nuove opportunità. L'attuale principio riguardante il miglioramento enfatizza la necessità del miglioramento continuo e lo considera un obiettivo permanente dell'organizzazione. La differenza tra il nuovo sesto principio proposto e quello presente nella precedente edizione della Norma, è evidente. Nel nuovo principio, non si parla più di miglioramento continuo, ma solo di miglioramento. La revisione della Norma ISO 9001:2015 è stata condotta con l'intento di fare un uso più esplicito dei principi di gestione della Qualità, ed è per questo motivo che, come abbiamo osservato, è stata rimossa la definizione specifica relativa al miglioramento continuo per allineare le definizioni e i principi rivisti, seppur nel punto Norma 10.3 si parli di miglioramento continuo in riferimento alle esigenze ed opportunità che devono scaturire dai risultati dell'analisi del riesame di direzione che diventano un motore che si alimenta nel tempo (da qui il concetto di "continuo")

6. APPROCCIO DECISIONALE BASATO SULLE EVIDENZE

Questo principio della Norma ISO 9001 sottolinea che le decisioni basate sull'analisi e la valutazione dei dati e delle informazioni hanno maggiori probabilità di produrre i risultati desiderati. Il processo decisionale può essere complesso e spesso comporta un certo grado di incertezza. Coinvolge frequentemente diversi tipi di input che richiedono un'interpretazione, la quale può essere soggettiva.

È di fondamentale importanza approfondire la comprensione delle cause, degli effetti e delle possibili conseguenze indesiderate. Fatti, prove e analisi dei dati contribuiscono a garantire una maggiore oggettività nelle decisioni prese.

Rispetto al principio in vigore nella precedente edizione della Norma, il nuovo principio introdotto nella Norma ISO 9001:2015 sottolinea che le decisioni che non si basano sull'analisi di dati e informazioni portano a una maggiore incertezza e ad una completa mancanza di oggettività.

7. GESTIONE DELLE RELAZIONI

Per un successo destinato a durare nel tempo, le organizzazioni

16

devono imparare a gestire i loro rapporti con le parti interessate come, ad esempio, i fornitori. Le prestazioni di un'organizzazione sono influenzate dalle sue parti interessate, pertanto la probabilità di raggiungere un successo duraturo aumenta quando l'organizzazione gestisce le sue relazioni con tali parti al fine di ottimizzare l'impatto sulle prestazioni globali.

Un'organizzazione e i suoi fornitori sono interdipendenti, e una relazione basata su un reciproco beneficio può potenziare la capacità di entrambi di creare valore.

Come possiamo osservare, questo principio si è evoluto passando dall'essere limitato ai soli rapporti con i fornitori a comprendere ora le relazioni con tutte le parti interessate. Nella Norma ISO 9001:2015, ad esempio nel punto 4.2, vengono identificate le eventuali parti interessate che possono includere clienti diretti, utenti finali, fornitori, distributori, rivenditori, ecc.

10 PUNTI CHE CARATTERIZZANO LA NORMA UNI EN ISO 9001:2015

1.
SCOPO E CAMPO
DI APPLICAZIONE

In questo punto della Norma, si chiarisce lo scopo e l'ambito di applicazione, ovvero la finalità e il campo di riferimento, di un Sistema di Gestione per la Qualità volto a supportare la fornitura di prodotti o l'erogazione di servizi attraverso l'implementazione di regole sistemiche efficaci e in continua evoluzione. Tale sistema assicura la conformità ai requisiti contrattuali e alle leggi applicabili ai prodotti o servizi erogati dall'organizzazione, contribuendo a incrementare la soddisfazione del cliente. I requisiti stabiliti dalla Norma UNI EN ISO 9001:2015 sono di carattere generale, progettati per essere applicabili a qualsiasi tipo di organizzazione, indipendentemente dalla sua natura giuridica e dalle attività svolte o dai prodotti realizzati (tanto è che si parla di "organizzazione" e non di aziende, società, ditte, aziende, ecc.). È compito dell'organizzazione stabilire le modalità per dimostrare il rispetto di tali requisiti, anche tramite apposite informazioni documentate.

2.
RIFERIMENTI NORMATIVI

Il punto 2 si limita a richiamare la Norma ISO 9000:2015, "Quality management systems — Fundamentals and vocabulary". Essendo uno standard internazionale, non specifica ulteriori Norme o leggi applicabili poiché sarebbe impossibile farlo. Tuttavia, ogni organizzazione, in base alle proprie attività, prodotto o servizi erogati, nonché alla localizzazione geografica e al contesto operativo, deve rispettare tutte le Norme e leggi cogenti applicabili al prodotto o servizio finale che eroga. Definire un unico quadro normativo di riferimento sarebbe stato impossibile, considerando che la Norma si applica a tutti i tipi di organizzazione, pertanto dovrà essere l'organizzazione che "sposa" questo standard a preoccuparsi di individuare e rispettare tutta la normativa (Internazionale, Nazionale, Regionale, Locale ecc) applicabile al SUO prodotto o ai SUOI servizi.

3.
TERMINI E DEFINIZIONI

Questo punto Norma si limita a un richiamo alla ISO 9000:2015. Vediamo brevemente le caratteristiche della ISO 9000:2015, la quale è stata elaborata per fornire una migliore comprensione di quanto descritto nella Norma UNI EN ISO 9001:2015.

Infatti, la UNI EN ISO 9000:2015 potrebbe essere definita come il "vocabolario della qualità," contenente tutti i termini e definizioni richiamati all'interno della ISO 9001, con il relativo significato indicato. Pertanto, è consigliata una lettura attenta della Norma UNI EN ISO 9000:2018.

idea   planning   strategy   success

4.
CONTESTO DELL'ORGANIZZAZIONE

Il primo punto della Norma, da considerarsi un requisito fondamentale, riguarda l'identificazione del contesto dell'organizzazione. Questo processo implica la valutazione e la comprensione dei requisiti che l'organizzazione deve soddisfare per analizzare il proprio contesto, che va oltre il mero aspetto geografico. Si devono prendere in considerazione i fattori chiave sia interni che esterni che influenzano l'organizzazione in modo positivo o negativo. Questa identificazione del contesto richiede l'acquisizione di informazioni documentate appropriate che descrivano chiaramente i fattori coinvolti e come essi influenzano l'organizzazione e la sua capacità di raggiungere gli obiettivi prefissati attraverso il Sistema di Gestione. Tale approccio consentirà all'organizzazione di ottenere una visione completa del contesto operativo e di adottare misure pertinenti per adeguarsi alle dinamiche interne ed esterne, garantendo così il successo e l'efficacia del sistema di gestione.

4.1 Comprendere l'organizzazione ed il suo contesto

L'organizzazione deve identificare e considerare una moltitudine di potenziali fattori che possono influenzare positivamente o negativamente la capacità dell'organizzazione di conseguire i propri risultati attesi.

Questi fattori si possono suddividere in:

◆ **Fattori Esterni:** possono essere fattori di natura legale, culturale, sociale ed economici, competitivi, di mercato, tecnologici e possono essere rilevati a livello internazionale, nazionale o locale.

◆ **Fattori Interni:** possono essere fattori legati alla cultura, alla conoscenza, ai valori, alle prestazioni ed economici e riconducibili internamente alla propria organizzazione.

L'analisi dei fattori interni ed esterni del contesto risulta anche la base di partenza per la valutazione dei rischi e delle opportunità (richiamati al punto 6 della Norma).
Per quanto riguarda la dimostrazione della conformità, la ISO 9001 chiarisce che l'organizzazione:

"Deve monitorare e riesaminare le informazioni che riguardano tali fattori esterni e interni" (p. 4.1).

Quanto sopra implica che, al riguardo, sarà necessario non solo CONSERVARE informazioni quali evidenza di aver preso in considerazione tutti i fattori interni ed esterni (positivi e negativi) ma sarà necessario anche MANTENERE tale informazione, ovvero provvedere ad un suo aggiornamento (monitoraggio e riesame) sulla base dei cambiamenti che possono sopraggiungere nel proprio contesto. I fattori interni ed esterni del contesto infatti, nel tempo, possono cambiare, modificarsi o l'organizzazione stessa li può percepire in maniera differente e questo può portare ad un aggiornamento dei fattori del contesto.

VEDIAMO NEL DETTAGLIO I VARI FATTORI:

Fattori esterni:

♦ **Di mercato:** ovvero legati alla fruibilità sul mercato del prodotto o servizio erogato, l'andamento dello stesso, la tipologia e l'ampiezza del mercato al quale viene offerto il proprio prodotto o servizio. Ogni organizzazione identifica il proprio mercato in base alla propria realtà, pertanto possiamo parlare di marcato locale, Nazionale o Internazionale a seconda del bacino di utenza di una organizzazione.

♦ **Tecnologici:** fattori legati all'innovazione del prodotto o servizio, fattori legati all'incidenza della tecnologia impiegata nella loro realizzazione o fattori legati alla tecnologia a disposizione di un'organizzazione in un sito specifico (basti pensare ad esempio alle connessioni Internet che in alcune zone possono garantire alte prestazioni rispetto a zone dove ancora le connessioni sono più lente)

♦ **Legali:** parliamo in questo caso di tutti gli aspetti cogenti che regolano e vincolano la progettazione, la realizzazione e la commercializzazione del prodotto o servizio di una organizzazione. Questi fattori sono in costante evoluzione e soggetti a cambiamenti pertanto bisogna prestare attenzione nella loro identificazione e rispetto.

♦ **Culturali:** fattori legati alla cultura del mercato e degli utilizzatori finali del prodotto o servizio erogato

♦ **Sociali ed economici:** attenenti ovvero al potere economico detenuto dall'utilizzatore finale del prodotto o servizio che può variare anche a seconda del livello sociale di appartenenza o essere legata ad un periodo storico dove magari il potere di spesa degli utenti finali è particolarmente contratto per eventi socio politici in corso (vedasi ad esempio il periodo della pandemia da Covid-19 dove il potere di spesa dell'utilizzatore finale era ridotto o limitato a particolari categorie di mercato)

◆ **Competitivi:** fattori quindi legati all'individuazione di competitors che si affacciano al mercato con analoghi prodotti o servizi magari offerti a differenti condizioni economiche (più o meno vantaggiose)

Fattori interni:

◆ **Cultura:** ovvero quei fattori legati alle differenti etnie che devono riuscire a convivere nel pieno rispetto di tutti all'interno di un'organizzazione cercando un equilibrio tale per cui non venga minata la produttività ed il rispetto della persona.

◆ **Conoscenza:** sono quei fattori legati soprattutto alla scolarità e al livello di conoscenza del personale

◆ **Valori:** ovvero il rispetto dei valori personali che caratterizzano il personale di un'organizzazione

◆ **Prestazioni:** ovvero fattori legati alla produttività di ciascuna persona che nel tempo si sviluppa e cambia attraverso anche all'esperienza maturata e alla sicurezza acquisita nel proprio ambito lavorativo

◆ **Economici:** ovvero fattori legati al riconoscimento della corretta remunerazione del personale sulla base delle competenze, conoscenze, abilità e tipologia di mansione alla quale viene adibito

4.2 Comprendere le esigenze e le aspettative delle parti interessate

In questo punto, la Norma richiede all'organizzazione di effettuare un'analisi per determinare le esigenze e le aspettative delle "parti interessate", sia interne che esterne, spesso indicate come "stakeholder".

Le parti interessate rilevanti comprendono coloro che possono influenzare in modo significativo la capacità dell'organizzazione di fornire in modo coerente prodotti e servizi conformi ai requisiti del cliente e alle normative obbligatorie. La responsabilità di identificare le parti interessate rilevanti e di comprendere i requisiti che esse esprimono spetta all'organizzazione stessa. Questo processo aiuterà l'organizzazione a sviluppare un Sistema di Gestione della Qualità efficace, in grado di tener conto delle esigenze di tutte le parti coinvolte e di perseguire la massima soddisfazione del cliente e il rispetto delle normative applicabili.

NELLE PARTI INTERESSATE POTREMMO CONSIDERARE:

- Dipendenti
- Appaltatori esterni
- Clienti diretti e finali
- Fornitori
- Organismi Regolatori
- Azionisti
- Confinanti e comunità vicine

- Organizzazioni non governative (ONG)
- Casa madre

L'esito del p. 4.2 fornisce informazioni fondamentali per la valutazione e determinazione di rischi e opportunità di cui alla Sez. 6. Per quanto riguarda la dimostrazione della conformità, la ISO 9001 chiarisce che l'organizzazione:

> *"Deve monitorare e riesaminare le informazioni che riguardano tali parti interessate e i loro requisiti"*

Come per il contesto anche per le parti interessate sarà necessario non solo CONSERVARE informazioni quali evidenza di aver identificato le parti interessate rilevanti e le loro esigenze ed aspettative, ma sarà necessario anche MANTENERE tale informazione, ovvero provvedere ad un suo aggiornamento (monitoraggio e riesame) sulla base dei cambiamenti che possono sopraggiungere sia nelle parti interessate che nei loro requisiti ed aspettative. Infatti queste, nel tempo, possono cambiare, modificarsi o l'organizzazione stessa li può percepire in maniera differente e questo può portare ad un aggiornamento delle parti interessate e dei requisiti ed aspettative ad esse associati.

La Norma non prescrive una metodologia specifica per questo processo, lasciando quindi libertà all'organizzazione di utilizzare l'approccio più efficace per dimostrare la conformità ai requisiti. Ogni organizzazione avrà la flessibilità di adottare la strategia che meglio si adatta alle proprie esigenze e realtà operative.

Tra i metodi più diffusi per identificare i requisiti ed aspettative delle parti interessate, si possono includere i seguenti esempi:

♦ **Costumer satisfaction:** ovvero il processo di valutazione del grado di soddisfazione del cliente per valutare se e come siano stati soddisfatte le aspettative della clientela

♦ **Incontri periodici con i fornitori:** per mantenere monitorato l'operato dello stesso e mantenere attivo un dialogo costruttivo tra le parti al fine di monitorare la qualità, l'efficacia e l'efficienza del prodotto o servizio fornito

♦ **Momenti formativi o di incontro con il personale:** finalizzati a mantenere aperto con il personale un dialogo costruttivo volto a cercare di soddisfare le richieste dei lavoratori e creare un ambiente ottimale per lo svolgimento delle attività nel pieno del rispetto dei fattori interni personali di ciascuno

Tutto ciò potrà essere documentato in molti modi, con l'auspicio che emergano migliorie e nuovi approcci dall'applicazione di questa parte della Norma. I risultati dovrebbero contemplare:

♦ Informazioni sintetiche ricavate dalle attività elencate sopra (es. breve relazione)
♦ Informazioni sintetiche in documentazioni su rischi e opportunità
  Registrazioni su semplici fogli elettronici
♦ Informazioni caricate e aggiornate su database
♦ Informazioni colte e verbalizzate in riunioni chiave

NOTA: la Norma ISO 9001:2015 non richiede necessariamente attività di stakeholder engagement o incontri con gli stakeholder individuati, ma RICHIEDE di identificare, come propria decisione, le loro esigenze ed aspettative che possono influenzare i risultati del Sistema di Gestione per la Qualità e tenerne conto nell'analisi dei rischi.

4.3 Determinare il campo di applicazione del sistema di gestione per la qualità

Questo punto della Norma chiede di definire il campo di applicazione del Sistema di Gestione tenendo in considerazione:

♦ i fattori esterni ed interni di cui al p. 4.1
♦ i requisiti delle parti interessate rilevanti di cui al punto 4.2
♦ i prodotti e i servizi dell'organizzazione

Identificato il campo di applicazione del proprio Sistema di Gestione, l'organizzazione dovrebbe applicare tutti i requisiti della Norma, o nel caso, fornire una chiara giustificazione per i requisiti che ritiene non applicabili. Il campo definito deve essere documentato e aggiornato. Recita la norma:

"La conformità alla presente Norma internazionale può essere dichiarata solo se i requisiti determinati come non applicabili non influenzano la capacità o la responsabilità dell'organizzazione di assicurare la conformità dei propri prodotti e servizi e l'accrescimento della soddisfazione del cliente"

Gli Organismi di Certificazione valuteranno come viene definito lo scopo, per assicurare che sia appropriato e corrisponda a quanto attuato dal Sistema, compresa la verifica dell'effettiva esclusione ammissibile di quei requisiti che l'organizzazione ritiene di definire come non applicabili.

4.4 Sistema di Gestione per la Qualità e relativi processi

Questo punto sottolinea l'importanza per l'organizzazione di stabilire, implementare, mantenere e migliorare in modo continuo un Sistema di Gestione al fine di fornire i prodotti, i servizi e le prestazioni richiesti nell'ambito di applicazione.

Il punto si focalizza in particolare sull'identificazione e comprensione dei processi e:

◆ la determinazione degli input e output attesi dai processi
◆ la determinazione dell'interazione tra processi
◆ la determinazione dei criteri e metodi per una efficace tenuta sotto controllo dei processi
◆ la determinazione e disponibilità delle risorse necessarie per i processi
◆ la determinazione dei ruoli e responsabilità per i processi
◆ la valutazione dei rischi ed opportunità associati a ciascun processo
◆ la valutazione dei processi e ogni eventuale modifica necessaria per assicurare i risultati dei processi
◆ il miglioramento dei processi e del Sistema di Gestione

A tal proposito l'organizzazione deve MANTENERE informazioni documentate per supportare il funzionamento dei suoi processi e CONSERVARE informazioni documentate affinché si possa avere fiducia nel fatto che i processi siano condotti come pianificato.

5.
LEADERSHIP

5.1 Leadership e impegno

La revisione della Norma UNI EN ISO 9001:2015 introduce un cambiamento significativo riguardo alla Leadership, puntando su un ruolo attivo e fondamentale dell'Alta Direzione nel Sistema di Gestione.

In particolare, la Norma assegna all'Alta Direzione diverse responsabilità cruciali, tra cui:

a) Assumersi la responsabilità dell'efficacia del Sistema di Gestione.

b) Garantire che siano stabiliti la politica e gli obiettivi della qualità, assicurandosi che siano compatibili con il contesto e gli indirizzi strategici del business dell'organizzazione.

c) Integrare i requisiti del Sistema di Gestione per la Qualità nei processi di business dell'organizzazione

d) Promuovere l'approccio per processi e l'orientamento al pensiero basato sul rischio.

e) Assicurare l'allocazione adeguata delle risorse necessarie al Sistema di Gestione per la Qualità.

f) Garantire che il Sistema di Gestione per la Qualità raggiunga i risultati previsti.

g) Coinvolgere e far partecipare tutto il personale a tutti i livelli nel Sistema di Gestione, in modo che ognuno contribuisca al raggiungimento degli obiettivi.

h) Promuovere il miglioramento continuo del Sistema di Gestione.

i) Offrire supporto agli altri ruoli gestionali pertinenti, dimostrando la loro Leadership.

Un altro principio fondamentale e requisito di rilievo della presente Norma è la focalizzazione sul cliente, per la quale l'Alta Direzione svolge un ruolo guida fondamentale garantendo quanto segue:

♦ Viene determinato, compreso e garantito con regolarità il soddisfacimento dei requisiti del cliente e quelli cogenti applicabili.

♦ Sono affrontati i rischi e le opportunità legate alla conformità dei prodotti e dei servizi, nonché alla capacità di migliorare la soddisfazione del cliente.

♦ Si mantiene un costante focus sull'aumento della soddisfazione del cliente.

5.2 Politica

La Politica della qualità è un documento di fondamentale importanza poiché agisce come un motore trainante per tutta l'organizzazione. Essa stabilisce gli orientamenti e formalizza gli obiettivi e gli impegni dell'azienda. Pertanto, l'Alta Direzione ha la responsabilità di garantire che la politica sia adeguata e in linea con gli indirizzi strategici dell'organizzazione.

Conformemente alla Norma ISO 9001:2015, la politica della qualità deve essere comunicata in modo chiaro, compresa ed attuata da tutti i dipendenti dell'organizzazione. Questo documento deve essere reso disponibile e MANTENUTO come informazione documentata e, se appropriato, deve essere messo a disposizione delle parti interessate rilevanti.

5.3 Ruoli, responsabilità e autorità nell'organizzazione

Per garantire il corretto funzionamento di un sistema, è essenziale che tutti i soggetti coinvolti siano pienamente consapevoli del proprio ruolo e delle relative responsabilità. È compito dell'Alta Direzione assicurare che le responsabilità e le autorità più rilevanti siano definite in modo chiaro ed inequivocabile, in modo che ogni membro del team abbia una chiara comprensione del proprio ruolo e delle sue funzioni.

La definizione dei ruoli riveste un'importanza fondamentale nella fase di pianificazione, in quanto facilita il raggiungimento della consapevolezza necessaria attraverso una comunicazione chiara e adeguata formazione. Molte organizzazioni utilizzano descrizioni di mansioni e procedure per delineare in modo preciso le responsabilità e le autorità di ciascun membro del personale.

Nella ISO 9001:2015, viene attribuita una particolare attenzione all'Alta Direzione, identificata come l'ente responsabile di assicurare che questi aspetti del Sistema siano adeguatamente assegnati, comunicati e compresi in tutta l'organizzazione.

6.
PIANIFICAZIONE

La nuova struttura di alto livello (HLS - High-Level Structure) applicata a tutte le Norme revisionate nel 2015 include il requisito riguardante le azioni per affrontare i rischi e le opportunità al paragrafo 6.1. La gestione del rischio diventa quindi un requisito fondamentale e comune per tutti i Sistemi di Gestione.

L'approccio alla gestione del rischio nella Norma è volutamente mantenuto il più generico possibile, al fine di renderlo adattabile e senza limitare la metodologia che un'organizzazione può adottare. Ciò consente a ogni organizzazione di sviluppare un processo di gestione del rischio su misura, in linea con le proprie esigenze, struttura e attività specifiche.

6.1 Azioni per affrontare rischi e opportunità

Il punto in questione richiede all'organizzazione di intraprendere diverse azioni riguardanti i rischi e le opportunità pertinenti per il Sistema di Gestione:

◆ Riconoscere i rischi e le opportunità rilevanti per gli obiettivi del Sistema di Gestione e definire azioni, obiettivi e piani per affrontarli.

◆ Nella fase di riconoscimento dei rischi e delle opportunità, l'organizzazione deve utilizzare gli input derivanti dall'analisi del contesto (come richiesto al paragrafo 4.1) e tenere in considerazione i punti di vista e le opinioni delle parti interessate (come specificato al paragrafo 4.2).

Un approccio consolidato e diffuso in molte organizzazioni consiste nella compilazione di un registro dei rischi, che, se gestito e implementato in modo efficace, può fornire dati utili per una gestione consapevole dei rischi e delle opportunità riguardanti diverse problematiche.

La Norma ha intenzionalmente mantenuto questo requisito in forma generica per consentire a ogni organizzazione di:

◆ Identificare i rischi e le opportunità specifici correlati alla propria realtà.

◆ Assegnare un peso adeguato ai rischi e alle opportunità individuate.

◆ Valutare e attuare opportuni interventi nel caso in cui un rischio o un'opportunità si manifesti.

◆ Riesaminare costantemente le azioni intraprese per confermarne l'efficacia.

◆ Contenere i rischi e prevenirli.

In sintesi, la Norma enfatizza l'importanza di un approccio personalizzato e mirato alla gestione dei rischi e delle opportunità, consentendo a ciascun'organizzazione di adottare le misure più idonee per garantire l'efficacia e il successo del proprio Sistema di Gestione.

ACCENNO AL RISK BASED THINKING

Il Risk-based thinking permette all'organizzazione di identificare i fattori che potrebbero deviare i suoi processi e il Sistema di Gestione della Qualità dai risultati pianificati. Questo approccio consente di mettere in atto controlli preventivi per minimizzare gli effetti negativi e massimizzare le opportunità quando si presentano.

Una delle finalità essenziali di un Sistema di Gestione della Qualità è, quindi, agire come uno strumento preventivo. L'adozione del Risk-Based Thinking, nell'ambito di questa Norma Internazionale, ha comportato una riduzione dei requisiti prescrittivi e la loro sostituzione con requisiti di natura prestazionale.

Il soddisfacimento sistematico dei requisiti e l'affrontare le esigenze e le aspettative future costituiscono una sfida per le organizzazioni, le quali operano in un contesto sempre più dinamico e competitivo. Per raggiungere il successo, tutte le organizzazioni devono imparare a gestire i propri rischi in modo efficace.

I passi principali per realizzare il Risk Management:

♦ Capire chi siamo, cosa facciamo, come lo facciamo e per chi lo facciamo (contesto interno)

◆ Capire in quale ambito stiamo operando (contesto esterno)

◆ Analizzare e valutare le incertezze che impattano sull'organizzazione e le relative conseguenze positive o negative che possono derivarne al fine di definire la loro accettabilità (valutazione del rischio)

◆ Stabilire l'atteggiamento da tenere rispetto ai rischi non accettabili (trattamento del rischio)

◆ Migliorare con costanza la capacità dell'organizzazione di ridurre i propri rischi e saper cogliere le eventuali opportunità (monitoraggio e miglioramento)

6.2 Obiettivi per la qualità e pianificazione per il loro raggiungimento

L'Alta Direzione svolge un ruolo cruciale nella definizione degli obiettivi per la qualità necessari per il Sistema di Gestione, e per fare ciò deve determinare:

◆ cosa sarà fatto per il loro raggiungimento
◆ quali e quante saranno le risorse necessarie quali saranno i ruoli di responsabilità
◆ quando saranno completati
◆ in che modo saranno valutati i risultati

Gli obiettivi per la qualità pertanto dovranno essere:

◆ coerenti con la politica
◆ misurabili
◆ rispondenti ai requisiti applicabili

- pertinenti alla conformità dei prodotti e servizi
- pertinenti all'aumento della soddisfazione del cliente monitorati
- comunicati
- aggiornati

L'organizzazione deve MANTENERE informazioni documentate sugli obiettivi per la qualità.

6.3 Pianificazione delle modifiche

Il punto definisce i requisiti per assicurare che i cambiamenti che sono necessari per il Sistema di Gestione siano pianificati, siano considerate le possibili conseguenze e sia assicurata la disponibilità di risorse e la definizione di ruoli e responsabilità.

Possono rendersi necessarie modifiche del Sistema di Gestione in caso di acquisizioni di aziende, introduzione di nuovi prodotti o servizi, ecc.

7.
SUPPORTO

Un Sistema di Gestione per la Qualità efficace non può essere sostenuto e migliorato senza l'allocazione di risorse adeguate, le quali dovrebbero essere determinate e messe a disposizione in accordo con quanto pianificato. Questo principio vale anche per le risorse necessarie per la gestione di contratti o progetti specifici. Il punto in questione abbraccia tutti gli aspetti dei Sistemi di Gestione relativi a "persone, luoghi e procedure".

I punti fondamentali a livello di HLS riguardano:

- ♦ 7.1 Risorse
- ♦ 7.2 Competenza
- ♦ 7.3 Consapevolezza
- ♦ 7.4 Comunicazione
- ♦ 7.5 Informazioni documentate

7.1 Risorse

Il requisito generale sottolinea l'importanza di garantire la competenza del personale coinvolto nel Sistema di Gestione per la Qualità, fornendo loro il supporto di attrezzature e infrastrutture adeguate. Ciò significa assicurarsi che il personale abbia le competenze necessarie per adempiere ai propri compiti e che siano fornite le risorse materiali idonee allo scopo. La pianificazione gioca un ruolo fondamentale nell'assicurare la disponibilità di infrastrutture adeguate, come edifici, hardware, software, mezzi di trasporto, ecc. e programmando eventuali manutenzioni necessarie per garantirne il corretto funzionamento nel tempo.

L'ambiente di lavoro di un'organizzazione è composto da diversi fattori umani e fisici che possono influenzare la qualità, l'efficacia ed efficienza del Sistema di Gestione. È importante identificare e gestire questi fattori, tra cui dispositivi di protezione, ergonomia, condizioni ambientali come calore, rumore, illuminazione, igiene, umidità, vibrazioni, temperatura, ecc. I fattori rilevanti possono variare in base al tipo di prodotto o servizio fornito dall'organizzazione. Sebbene non sia obbligatorio documentare specificamente questi requisiti relativi all'ambiente di lavoro, spesso i criteri applicabili sono inclusi in procedure, contratti, specifiche e codici professionali. La conformità a tali criteri dovrebbe essere comprovata attraverso informazioni documentate.

L'organizzazione deve identificare e allocare le risorse necessarie per il monitoraggio e la misurazione, specialmente quando tali attività sono impiegate per verificare la conformità di prodotti e servizi. A tal fine, è essenziale mettere a disposizione risorse adeguate e garantirne la manutenzione al fine di assicurare la loro idoneità all'uso.

Le apparecchiature di misura utilizzate devono essere sottoposte a taratura e/o verifiche periodiche, come specificato da una procedura interna o dalla casa madre, o prima del loro utilizzo. Questo processo assicura risultati validi e affidabili durante le attività di monitoraggio e misurazione.

Al fine di dimostrare la conformità delle misurazioni, l'organizzazione deve CONSERVARE adeguate informazioni documentate come prova della validità delle misurazioni effettuate. Un altro requisito importante riguarda la "conoscenza organizzativa". L'organizzazione deve dimostrare di comprendere sia i bisogni di conoscenza interni che quelli esterni e deve essere in grado di gestire tale conoscenza in modo efficace. Questo requisito può includere la gestione della conoscenza delle risorse umane, la pianificazione adeguata della successione del personale e i processi per documentare le conoscenze detenute da singoli individui o gruppi all'interno dell'organizzazione.

7.3 Consapevolezza

Il personale deve essere sensibilizzato circa l'importanza della propria attività, il proprio contributo al raggiungimento degli obiettivi di qualità e l'efficacia del Sistema di Gestione e della conseguente performance dell'organizzazione. A questo scopo, si ricorre spesso a programmi di addestramento e colloqui con i lavoratori.

7.4 Comunicazione

Il punto enfatizza la necessità di pianificare e attuare un processo di comunicazione in base agli abituali principi:

♦ cosa si vuol comunicare

- quando comunicare
- con chi comunicare
- come comunicare
- chi comunica

Per garantire una comunicazione efficace all'interno dell'organizzazione, è essenziale mettere in atto meccanismi che agevolino questo processo. La comunicazione deve essere bidirezionale, andando oltre il semplice invio di messaggi, e includere sia la comunicazione verbale che quella non verbale, espressa attraverso il linguaggio del corpo.

L'efficacia della comunicazione si valuta tramite il feedback, ossia l'informazione di ritorno che ci permette di comprendere quanto di ciò che abbiamo comunicato sia stato compreso e come sia stato recepito. Una comunicazione efficace si raggiunge trovando un giusto equilibrio tra comunicazione verbale e non verbale.

Alcuni esempi di strumenti di comunicazione che possono essere adottati includono riunioni, bacheche informative, reti internet interne dedicate, piattaforme di condivisione di informazioni, bollettini interni, seminari di sensibilizzazione, colloqui di aggiornamento, intranet, email, ecc.

7.5 Informazioni documentate

Il requisito in questione della Norma non impone all'organizzazione di creare procedure documentate specifiche, ma le lascia la libertà di decidere quali informazioni documentate

45

implementare per garantire l'efficacia e l'efficienza dei processi e dell'intero Sistema di Gestione. Per "informazioni documentate" si intendono procedure, manuali, istruzioni operative, registrazioni o qualsiasi altra informazione che supporti il corretto funzionamento dei processi e sia pertinente agli obiettivi strategici dell'organizzazione.

Tali informazioni documentate possono essere realizzate in diversi formati, poiché la Norma non specifica vincoli particolari. L'importante è che esse forniscano evidenza di conformità, siano identificabili tramite numero di revisione e data, e siano soggette a periodico riesame per garantirne l'adeguatezza.

Il controllo delle informazioni documentate viene svolto attraverso diverse attività, tra cui:

◆ distribuzione, accesso, reperimento e utilizzo

◆ archiviazione, preservazione compresa la leggibilità

◆ tenuta sotto controllo delle modifiche (aggiornamento dello stato di revisione)

◆ conservazione ed eliminazione

Spesso associato al termine "informazione documentata" nella Norma troviamo il requisito di MANTENERE e/o CONSERVARE espresso anche nell'introduzione della presente Guida, ma che ritengo di ribadire.

- Una informazione documentata viene MANTENUTA quando i suoi contenuti sono soggetti a modifiche, aggiornamenti, cambiamenti, revisioni, variazioni, migliorie e riforme, come per esempio la politica, la valutazione dei rischi e opportunità, gli obiettivi per la qualità, ecc.

- Una informazione documentata invece viene CONSERVATA quando i suoi contenuti non sono più soggetti a modifiche e/o aggiornamenti, come per esempio può essere il caso del registro della taratura di uno strumento, piuttosto che i report degli audit interni, gli input della progettazione e sviluppo, gli output non conformi, i risultati del monitoraggio dei processi, e così via.

8.
ATTIVITÀ OPERATIVE

Questo requisito della Norma riguarda l'essenza stessa dell'organizzazione – ossia la pianificazione e il controllo dei processi operativi – che costituiscono il "cuore pulsante" dell'intera filiera di produzione. Esso copre tutti gli aspetti delle attività operative dell'organizzazione a partire dai processi di progettazione e approvvigionamento, passando per la realizzazione del prodotto o servizio, comprendendo anche la gestione e il controllo degli output finali fino al rilascio del prodotto o servizio.

8.1 Pianificazione e controllo operativi

L'organizzazione deve pianificare un metodo per tenere sotto controllo i processi affinché gli output possano rispondere ai requisiti imposti dall'organizzazione stessa e infondere fiducia nella corretta realizzazione dei prodotti e servizi finali.

Il processo di pianificazione e controllo comprende quindi:

♦ la determinazione dei requisiti dei prodotti e servizi da realizzare

♦ i criteri di accettazione dei prodotti e servizi

♦ la determinazione delle risorse necessarie per conseguire la conformità dei propri prodotti e servizi

♦ il MANTENIMENTO e la CONSERVAZIONE di informazioni documentate volte a dimostrare la conformità dei prodotti e servizi e del loro processo di realizzazione

8.2 Requisiti per i prodotti e servizi

È necessario attivare un processo di comunicazione per assicurare che i requisiti e le aspettative dei clienti siano definiti e che i requisiti cogenti di prodotto, rispetto alla destinazione d'uso, siano soddisfatti.

Una volta determinati, i requisiti devono essere rivisti dall'organizzazione prima di impegnarsi in alcun modo verso la fornitura, in modo da assicurare che siano stati compresi, che eventuali anomalie vengano risolte e che l'organizzazione abbia la capacità di soddisfarli.

La comunicazione col cliente deve comprendere:

♦ le informazioni relative ai prodotti e servizi
♦ la gestione dei contratti e ordini
♦ le informazioni di ritorno da parte del cliente
♦ la tenuta sotto controllo della proprietà del cliente
♦ le azioni in caso di emergenza

Quando i requisiti di prodotti e servizi vengono modificati, l'organizzazione deve assicurare che le pertinenti informazioni documentate siano aggiornate e che le persone pertinenti siano rese consapevoli in merito ai requisiti modificati.

L'organizzazione, per quanto applicabile, deve CONSERVARE informazioni documentate circa il riesame dei requisiti relativi ai prodotti e servizi e ogni eventuale nuovo requisito per i prodotti e servizi.

8.3 Progettazione e sviluppo di prodotti e servizi

Questo punto della Norma richiede un approccio sistematico al controllo delle attività di progettazione e sviluppo, il quale include una pianificazione completa delle diverse fasi del processo. Questa pianificazione deve contemplare lo studio, il riesame, la verifica, la validazione e il coinvolgimento del cliente, nonché la definizione degli accordi per la fornitura finale, le tempistiche di realizzazione e la stima delle risorse necessarie, sia interne che esterne. Un modo pratico per gestire questo processo è l'elaborazione di un piano di progetto dettagliato.

Gli input della progettazione e sviluppo possono derivare da diverse fonti, come le specifiche del cliente, i requisiti cogenti, l'esperienza acquisita da progetti precedenti e considerazioni legate al budget, tra gli altri.

La Norma lascia alla discrezione dell'organizzazione la scelta dei metodi e delle procedure per sviluppare il progetto, ma l'output deve essere sempre verificato per garantire che sia conforme ai requisiti di input stabiliti.

Inoltre, è importante pianificare e stabilire cadenze programmate per il riesame della progettazione e sviluppo al fine di assicurare che il progetto sia soddisfacente e di identificare tempestivamente eventuali problemi o sfide che richiedono soluzioni. Tutte le informazioni documentate relative ai riesami della progettazione e sviluppo, così come le azioni intraprese, devono essere CONSERVATE per garantire la tracciabilità e la conformità al processo.

La verifica è un processo essenziale durante il quale la progettazione e lo sviluppo vengono attentamente esaminati per garantire che quanto elaborato soddisfi appieno i requisiti di input stabiliti. I risultati di questo processo e le azioni richieste come conseguenza della verifica devono essere accuratamente registrati e CONSERVATI come informazioni documentate.

Prima della consegna finale del prodotto o servizio, è necessario effettuare la validazione per assicurarsi che esso sia conforme alle specifiche e alle caratteristiche di base del progetto. I risultati del processo di validazione, insieme a tutte le azioni intraprese, devono essere anch'essi CONSERVATI come informazioni documentate.

I requisiti di progettazione e sviluppo possono essere soggetti a modifiche in qualsiasi momento, influenzati da diversi fattori, e possono avere un impatto significativo sui progetti in corso. Qualsiasi modifica al progetto deve essere attentamente riesaminata, verificata e, se necessario, validata per garantire che non si comprometta la qualità e la conformità. Le variazioni apportate al progetto devono essere identificate e documentate adeguatamente come informazioni documentate.

8.4 Controllo dei processi, prodotti e servizi forniti dall'esterno

È importante fare una distinzione tra il fornitore e l'outsourcer all'interno del contesto dell'organizzazione.

Il fornitore è un soggetto esterno che fornisce all'organizzazione i mezzi, le materie prime e i componenti necessari come input per la realizzazione del prodotto o servizio. Ad esempio, potrebbe trattarsi della fornitura di materia prima, componentistica hardware o software, materiali per l'imballaggio dei prodotti, semilavorati, e così via.

L'outsourcer, invece, è un soggetto esterno che realizza un processo o una parte di esso per conto dell'organizzazione, ma la responsabilità del processo rimane all'interno dell'organizzazione stessa. Un esempio di outsourcing potrebbe essere un'impresa edile che esternalizza lo sviluppo del progetto di un'abitazione a uno Studio Tecnico o un'organizzazione che progetta e sviluppa un prodotto, ma decide strategicamente di affidare la produzione a un'altra organizzazione. In questi casi parliamo di processo dell'organizzazione "esternalizzato" ovvero reso da terze parti del quale però l'organizzazione resta responsabile.

Il principale obiettivo di questo requisito è garantire che i processi, prodotti e servizi forniti da fornitori o outsourcer esterni consentano all'organizzazione di assicurare la conformità del proprio prodotto o servizio ai requisiti del cliente.

Inizialmente, è fondamentale instaurare una fiducia reciproca con il fornitore esterno (sia esso un fornitore tradizionale o un outsourcer) attraverso criteri di selezione, valutazione e rivalutazione accurati. Questi controlli mirano a valutare l'efficacia delle forniture esterne e il loro potenziale impatto sulla conformità del prodotto o servizio finale, gestendo così i rischi associati.

Successivamente, per assicurare la conformità del processo, prodotto o servizio acquistato esternamente, è necessario comunicare al fornitore tutte le informazioni rilevanti e definire chiaramente i requisiti della fornitura. Ciò comprende aspetti quali il valore economico, le tempistiche di realizzazione e consegna, la gestione di eventuali reclami o resi, e altro ancora. Questi dettagli vengono spesso formalizzati in un contratto o in un ordine di acquisto, per garantire chiarezza e tracciabilità delle richieste.

Infine, è fondamentale effettuare una verifica accurata del processo, prodotto o servizio fornito dall'esterno. Ciò avviene mediante controlli di accettazione che validano la conformità ai requisiti specificati, permettendo così all'organizzazione di incorporare il prodotto o servizio acquisito nel proprio ciclo lavorativo.

Come quarto passo, è necessario rivalutare i fornitori con cadenza periodica (o con continuità) al fine di tenere sotto controllo la costante conformità del processo, prodotto o servizio fornito dall'esterno. La Norma non ci impone nessuna metodologia per tenere sotto controllo i nostri fornitori esterni, però ci impone di dare evidenza della tenuta sotto controllo dei fornitori. Alcuni esempi di rivalutazione periodica dei fornitori possono essere:

♦ attuazione di audit di seconda parte presso il fornitore

53

♦ elaborazione di relazioni contenenti risultati statistici sui punti chiave della fornitura (reclami, resi, rispetto delle tempistiche di consegna, competitività dei prezzi, ecc ...)

♦ riunioni periodiche con il fornitore

8.5 Produzione ed erogazione dei servizi

Il requisito in questione mira a garantire che le attività di produzione e le operazioni siano pianificate e gestite in modo controllato, comprese quelle svolte presso le sedi dei clienti, come l'installazione e la manutenzione dei prodotti. Alcuni esempi di metodi per ottenere condizioni controllate dei processi includono:

♦ elaborazione di procedure o manuali o istruzioni operative

♦ controlli e valutazioni periodiche dei processi

Attraverso una validazione, i processi possono anche richiedere di essere rivalidati di tanto in tanto, perché possono variare molteplici fattori o condizioni, come per esempio:

♦ L'installazione di un più moderno macchinario per la lavorazione che richiede una specifica formazione del personale

♦ Il cambio di un fornitore che propone una materia prima differente

♦ Cambiamento di un metodo lavorativo

♦ L'innovazione tecnologica nello stoccaggio delle merci

È richiesta dalla Norma la CONSERVAZIONE di informazioni documentate relative alla validazione del processo.

In quasi tutte le organizzazioni, vi è l'esigenza di identificare formalmente il prodotto o il servizio e determinarne lo stato o il livello di completamento in qualsiasi momento. Può anche sussistere la necessità di mantenere la rintracciabilità di un prodotto o un servizio (es: per adempimenti di legge).

Nei settori in cui la tracciabilità è un requisito, questo si applica a tutte le fasi di lavorazione e successivamente ad esse, per facilitare eventuali azioni di richiamo. In tali casi, l'identificazione univoca del prodotto deve essere oggetto di controlli e registrazioni.

Alcuni esempi di identificazione univoca per la rintracciabilità possono essere:

♦ numero di lotto
♦ data di produzione
♦ delimitazione e identificazione di aree differenti nel magazzino
♦ apposizione di codice a barre
♦ etichettatura con informazioni di prodotto
♦ numeri di protocollo
♦ codifica di progetto

In alcune organizzazioni, è comune utilizzare prodotti o proprietà intellettuale forniti direttamente dal cliente, come ad esempio brevetti o componenti specifici. In tali situazioni, è fondamentale garantire che ciò che viene fornito sia adatto all'applicazione prevista e che sia utilizzato in modo appropriato, oltre a essere protetto e salvaguardato da possibili smarrimenti o danni. Per raggiungere questo scopo, è possibile adottare misure come la conservazione di documentazione riguardante ricezioni, uso, smarrimenti, danni o restituzioni del materiale fornito.

La preservazione del prodotto inizia fin dalla fase di ricevimento, continuando durante lo stoccaggio, la lavorazione del prodotto finito e fino al momento della consegna. Questo processo mira a garantire costantemente l'idoneità d'uso del prodotto, preservandone la qualità e l'integrità.

8.6 Rilascio di prodotti e servizi

Il rilascio dei prodotti e servizi deve avvenire solamente dopo un'attenta verifica per assicurarsi che tutti i requisiti siano stati pienamente soddisfatti e che quanto pianificato sia stato eseguito in modo soddisfacente. Tutta l'evidenza della conformità ai requisiti deve essere accuratamente CONSERVATA e deve essere chiaramente indicato il responsabile o il soggetto autorizzato che ha dato il via libera per il rilascio del prodotto o servizio destinato alla consegna al cliente.

8.7 Controllo output non conformi

Il requisito è inteso a evitare che i prodotti non conformi vengano ulteriormente lavorati, utilizzati o consegnati, una volta identificato qualsiasi prodotto non conforme.

A seconda della tipologia di prodotto o servizio che sia, l'organizzazione deve trattare gli output non conformi in uno dei seguenti modi:

- correzione
- segregazione, contenimento, restituzione o sospensione della fornitura di prodotti ed erogazione di servizi
- informazione al cliente
- ottenimento di autorizzazioni per la concessione

L'organizzazione è chiamata a CONSERVARE informazioni documentate in riferimento agli output non conformi ed alla gestione degli stessi.

9.
VALUTAZIONE DELLE PRESTAZIONI

Quando parliamo di valutazione delle prestazioni, parliamo anche di due concetti tra loro correlati:

♦ **Efficacia**: ovvero il grado di realizzazione delle attività pianificate e di conseguimento dei risultati pianificati.
♦ **Efficienza**: ovvero il rapporto tra il risultato conseguito e le risorse utilizzate.

Entrambe queste caratteristiche sono segnale di conformità dei processi e aiutano l'organizzazione a definire i livelli del monitoraggio da effettuare sulla base della criticità del processo stesso e la struttura del proprio Sistema di Gestione

9.1 Monitoraggio, misurazione, analisi e valutazione

Il punto della Norma è lasciato volutamente libero nella scelta che l'organizzazione deve definire per la misurazione delle proprie prestazioni. Pertanto un'organizzazione deve determinare:

♦ cosa ritiene necessario monitorare
♦ il metodo di monitoraggio

♦ quando e ogni quanto il monitoraggio e la misurazione devono essere eseguiti

♦ quando i risultati del monitoraggio e della misurazione devono essere analizzati e valutati

Per valutare con precisione le prestazioni dei processi all'interno del Sistema di Gestione per la Qualità, è essenziale utilizzare indicatori adeguati che permettano di prendere decisioni strategiche e stabilire obiettivi misurabili. Gli indicatori chiave di prestazione (KPI - Key Performance Indicator) possono riguardare vari aspetti, come la redditività, la soddisfazione dei clienti, la qualità dei prodotti, la competitività sul mercato, l'innovazione, i rischi e le esigenze delle parti interessate. Questi KPI possono essere rappresentati attraverso un "cruscotto direzionale" che fornisce una panoramica chiara e sintetica delle prestazioni aziendali.

Le informazioni provenienti dai clienti costituiscono un indicatore fondamentale delle prestazioni del Sistema di Gestione e dell'azienda nel suo complesso. Pertanto, è importante utilizzare diversi metodi per raccogliere il feedback dei clienti, oltre ai semplici questionari o reclami. Questi metodi possono includere interviste, incontri diretti con i clienti e sondaggi per ottenere una comprensione approfondita della percezione del cliente riguardo ai prodotti e/o servizi forniti, e quindi migliorare continuamente la loro soddisfazione. La raccolta e l'analisi di dati pertinenti sono essenziali per misurare l'efficacia del Sistema di Gestione, valutare l'analisi dei rischi e delle opportunità, valutare le prestazioni dei fornitori esterni e identificare opportunità di miglioramento. Quando si decide cosa analizzare e commentare, è importante considerare attentamente gli obiettivi e le finalità dell'azienda per ottenere risultati significativi e utili per il continuo miglioramento del Sistema di Gestione per la Qualità.

L'organizzazione deve CONSERVARE adeguate informazioni documentate circa i risultati delle valutazioni dei processi.

9.2 Audit interno

Gli audit interni rappresentano un requisito fondamentale della Norma e costituiscono un prezioso strumento per valutare l'efficacia del Sistema di Gestione per la Qualità.

È essenziale stabilire un programma di audit interno che copra tutti i processi aziendali, con una frequenza adeguata e una particolare attenzione ai settori più critici per l'azienda. Definire chiaramente l'obiettivo e l'ambito di ciascun audit interno assicura coerenza ed esaustività nella valutazione.

Per garantire l'obiettività e l'imparzialità degli audit interni, è importante che siano condotti da auditor con una conoscenza pratica dell'oggetto da verificare. Una volta concluso l'audit, il management deve intervenire basandosi sulle risultanze ottenute, non limitandosi solo a definire ed attuare azioni correttive per le Non Conformità rilevate, ma considerando anche altre opportunità di miglioramento e prevenzione.

Inoltre, è essenziale verificare l'efficacia delle azioni intraprese in seguito alle risultanze dell'audit. Questo processo di verifica è fondamentale per assicurarsi che le azioni adottate siano state efficaci nel risolvere eventuali problematiche e nel garantire un miglioramento continuo del Sistema di Gestione.

L'organizzazione è tenuta a CONSERVARE informazioni documentate circa l'avvenuta pianificazione ed attuazione dell'attività di audit interno.

9.3 Riesame di Direzione

Il Riesame della Direzione è un processo fondamentale nella Norma di una chiara comprensione. Si tratta di una valutazione effettuata dall'Alta Direzione dell'organizzazione, rappresentata dal suo vertice decisionale come Amministratore Unico, Presidente del Consiglio di Amministrazione o Direttore Generale, per esaminare il funzionamento del Sistema di Gestione per la Qualità. Tale processo si manifesta attraverso una relazione articolata in due parti: una consuntiva e una programmatica.

Nella parte consuntiva vengono analizzati i risultati ottenuti, evidenziando i punti di forza e le criticità del sistema. Mentre nella parte programmatica, vengono identificati gli obiettivi di miglioramento che l'organizzazione si impegna a raggiungere, utilizzando anche il supporto del Sistema di Gestione.

Il Riesame di Direzione ha come scopo principale assicurare che il Sistema di Gestione per la Qualità sia sempre adeguato, efficace e allineato con l'indirizzo strategico dell'organizzazione. Per raggiungere questo obiettivo, è essenziale che il riesame venga effettuato con la giusta frequenza e che fornisca informazioni complete e accurate. Inoltre, è fondamentale coinvolgere le persone giuste nell'analisi, in modo da ottenere una visione completa e condivisa della situazione.

L'input per il riesame di direzione dovrebbe comprendere

informazioni su:

1. lo stato delle azioni derivanti da precedenti Riesami di Direzione
2. i cambiamenti nei fattori esterni e interni che sono rilevanti per il Sistema di Gestione per la Qualità
3. le informazioni sulle prestazioni e sull'efficacia del Sistema di Gestione compresi gli andamenti relativi a:
   a) soddisfazione del cliente
   b) misura in cui gli obiettivi sono stati raggiunti
   c) prestazioni di processo e conformità di prodotti e servizi
   d) Non Conformità e Azioni Correttive
   e) risultati del monitoraggio e della misurazione
   f) risultati degli audit
   g) prestazioni dei fornitori esterni
   h) l'adeguatezza delle risorse
   i) l'efficacia delle azioni intraprese per affrontare i rischi e le opportunità
   j) le opportunità di miglioramento

Gli output del Riesame di Direzione dovrebbero comprendere decisioni e azioni relative a:

1. opportunità di miglioramento
2. ogni esigenza di modifica al Sistema di Gestione per la Qualità
3. risorse necessarie

Si richiede di CONSERVARE le informazioni documentate relative al Riesame di Direzione.

10.
MIGLIORAMENTO CONTINUO

10.1 Generalità

Il punto riassume cosa, la Norma, richiede in termini di miglioramento ovvero un approccio globale che prevede il riesame dei processi, dei prodotti, dei servizi e dei risultati del Sistema di Gestione della Qualità, per selezionare le opportunità di miglioramento e definire ogni azione per migliorare la soddisfazione del cliente.

10.2 Non conformità ed Azioni Correttive

Quando si verifica una situazione di Non Conformità, ovvero il mancato soddisfacimento di un requisito, l'organizzazione è tenuta a prendere provvedimenti per eliminare dapprima la Non Conformità (Correzione) e successivamente la causa che l'ha generata al fine di evitare il ripetersi della stessa situazione (Azione Correttiva). Questo processo si basa sui principi dell'analisi delle cause, che mira ad individuare e quindi ad eliminare la causa radice che ha causato la Non Conformità. L'azione intrapresa deve essere proporzionata all'entità dell'impatto causato dalla Non Conformità (o dal rischio

associato). Una volta avviato il processo correttivo, è essenziale assicurarsi che l'azione risulti efficace nel risolvere il problema e soprattutto ne prevenga il riverificarsi nel futuro
Per garantire una gestione adeguata delle Non Conformità e delle relative Azioni Correttive, l'organizzazione deve CONSERVARE informazioni documentate che fungano da evidenza:

♦ Della natura e delle cause delle Non Conformità riscontrate
♦ Delle Azioni Correttive intraprese per affrontare la situazione
♦ Dei risultati ottenuti grazie alle Azioni Correttive, dimostrando l'efficacia delle misure adottate.

In questo modo, l'organizzazione ha un quadro chiaro delle azioni messe in atto per affrontare le Non Conformità e può valutare il successo delle misure prese per prevenire il ripetersi del problema nel futuro. L'obiettivo è garantire una gestione efficiente delle Non Conformità e migliorare continuamente la qualità e l'efficacia del Sistema di Gestione.

10.3 Miglioramento continuo

Attraverso i risultati delle analisi e valutazione, dagli output del Riesame di Direzione l'organizzazione deve poter garantire il miglioramento costante e continuo dei processi e del Sistema di Gestione.
Il miglioramento continuo altro non è che il processo per far diventare un'organizzazione più efficace, un percorso incrementale composto da tanti piccoli passi.

Il miglioramento continuo riduce e perfeziona i processi e migliora il coinvolgimento del personale attraverso un fondamentale messaggio che deve passare all'interno dell'organizzazione ovvero che il contributo di ogni singolo dipendente o collaboratore risulta prezioso nell'ottica del miglioramento delle prestazioni dei diversi processi. Il concetto di "continuo" vuole far intendere il processo di miglioramento come un "moto perpetuo" di pianificazione ed attuazione di azioni volte a garantire nel tempo una sempre adeguata efficacia ed efficienza dei processi.

In merito a come, nella pratica, questo punto possa essere realizzato la Norma non ci impone una metodologia, pertanto possiamo dire che il miglioramento continuo può passare attraverso la revisione e monitoraggio costante della valutazione del proprio contesto e delle parti interessate oppure della valutazione dei rischi e opportunità. Ad esempio un'organizzazione può elaborare un piano di miglioramento (non richiesto obbligatoriamente dalla Norma) più o meno a lungo termine dove, a fronte dei risultati che scaturiscono dal Riesame di Direzione, può definire degli obiettivi di miglioramento nelle varie aree dei processi. Questi obiettivi possono riguardare aspetti organizzativi, economici, strutturali, tecnologici, umani e professionali, ovvero rappresentare delle vere e proprie prospettive di miglioramento nei diversi ambiti di un'organizzazione.

Printed in Great Britain
by Amazon

31143987R10046